뇌가 놀고
싶을 때
명화여행

뇌가 놀고 싶을 때
명화여행

지은이 브룩 디지오반니 에반스
편   역 김현석

1판 1쇄 인쇄 2018년 11월 5일
1판 1쇄 발행 2018년 11월 15일

발행처 (주)옥당북스
발행인 신은영

등록번호 제2018-000080호
등록일자 2018년 5월 4일

주소 경기도 고양시 일산동구 무궁화로 11 한라밀라트 B동 215호
전화 (070)8224-5900 팩스 (031)911-6486

이메일 okdang@okdangbooks.com
홈페이지 www.okdangbooks.com
블로그 blog.naver.com/coolsey2
포스트 post.naver.com/coolsey2

값은 표지에 있습니다.
ISBN 979-11-964128-5-2 13690

이 도서의 국립중앙도서관 출판시도서목록(CIP)은 서지정보유통지원시스템 홈페이지(http://seoji.nl.go.kr)와
국가자료공동목록시스템(http://www.nl.go.kr/kolisnet)에서 이용하실 수 있습니다.
(CIP제어번호: CIP2018034136)

뇌가 놀고 싶을 때 명화 여행

브룩 디지오반니 에반스 지음

옥당북스

명화 속으로 여행을 떠나요!

그림이 있습니다.

가만히 한번 들여다볼까요?

잠시 후 조금 물러나서 그림을 봅니다.

그리고 이번에는 아주 가까이 다가가서 살펴봅니다.

가만히 들여다볼 때, 조금 물러나서 볼 때, 아주 가까이서 볼 때 그림은 다른 이야기보따리를 꺼내 놓습니다. 그림 앞쪽과 뒤쪽에도 다른 이야기가 숨어 있습니다. 어떤 화가는 앞쪽은 선명하게 그려 놓고 뒤쪽은 흐릿하게 그려놓았어요. 거기서 무슨 일이 벌어지고 있는지 화가는 말해주지 않습니다. 여러분의 상상에 맡기는 거죠. 화가들은 그림 속에 다양한 이야기를 숨겨 놓습니다. 그때 그 장소의 풍경과 사건, 사람 사는 모습까지.

그림은 내가 모르는 장소, 내가 모르는 시대의 이야기를 생생하게 들려줍니다. 그림을 보면 다른 나라, 다른 시대의 삶이 어떠했는지 알 수 있어요. 굴렁쇠를 가지고 노는 아이들과 레이스 모자를 쓴 아이들은 어떤 장소, 어떤 시대의 모습일까요? 얼어붙은 강에서 스케이트를 타는 사람들과 고급 실크 드레스를 입고 낚시를 하는 숙녀들은 어느 나라, 어느 시대를 살고 있을까요? 그들은 모두 우리에게 그때의 이야기를 들려줍니다.

이 책의 그림은 전 세계 21개 미술관에서 가져온 것입니다. 각 그림에는 여러분이 그림을 보며 찾아볼 과제도 제시되어 있습니다. 천천히 그림을 즐겨주세요.

자, 그럼 명화 속 세계로 여행을 떠나 볼까요?

차 례

1 피에르 오귀스트 르누아르

우산

Les Parapluies

 그림 속에서 찾아보세요.

11 손

8 모자

2 장갑

1 굴렁쇠

9 우산

2 커프스 (셔츠 소매)

1 팔찌

3 턱수염

피에르 오귀스트 르누아르 Pierre-Auguste Renoir (프랑스, 1841-1919)

도자기에 그림 그려 넣는 일을 하다가 화가의 길로 들어섰습니다. 파리의 부유층 문화를 주로 그렸는데, 그중에서도 여성과 아이들의 행복한 순간을 주로 포착했습니다. 빛과 그림자로 인물의 표정을 생생하게 표현했으며, 밝고 화사한 색을 써서 안락하고 부드러운 느낌을 준다는 평을 듣습니다.

▶ 아일랜드 휴레인 미술관 소장 / Bridgeman Images 사진

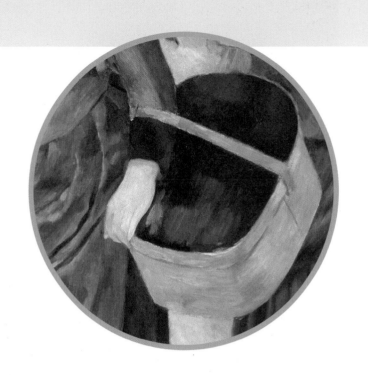

1800년대 프랑스 파리의 거리

그림 속의 사람들은 매우 바빠 보입니다. 작품 속 사람들은 어딘가를 향해 꽤 분주하게 움직이고 있습니다. 그들은 어디로 가는 걸까요? 사람들의 옷차림을 보면 계절과 날씨를 알 수 있습니다. 이날은 더웠을까요, 추웠을까요? 한 여자가 바구니를 들고 있는데, 거기에는 무엇을 담았을까요?

비는 멈춘 걸까요, 이제 내리는 걸까요?

비가 오다가 멈추었을까요, 막 내리기 시작한 걸까요? 여자가 물웅덩이에 옷이 젖는 것을 피하려고 치마를 들어 올렸지만, 정작 그녀의 손에는 우산이 없어요. 그림의 한가운데 있는 여자를 보면, 하늘을 올려다보고 있어요. 그녀는 지금 우산을 접는 걸까요, 펴는 걸까요? 그림에 빗방울이 보이는지 살펴보세요.

비 오는 날의 색감

작품에 쓰인 색감을 보면 그날의 날씨를 짐작할 수 있습니다. 르누아르는 비 오는 날을 표현하기 위해 회색, 검은색, 푸른색을 사용했네요. 반대로 화창한 날이라면 그는 어떤 색을 썼을까요? 그의 다른 작품에서 살펴보세요.

▌ 빛의 '순간'을 포착한 인상파 화가들

르누아르는 인상파 화가입니다. 인상파 화가들은 삶의 모든 순간, 특히 자연의 빛이 살아
있는 야외에서의 순간을 포착하여 그리길 좋아했어요. 분주한 거리, 화창한 날씨, 춤추는
사람들. 이 작품은 바로 그런 순간 중 하나를 포착한 거죠.

▌ 작품 완성까지 6년

르누아르가 이 작품을 완성하는 데 걸린 시간은 6년입니다. 시작했
다가 멈추고, 이탈리아를 여행하고 돌아와서 완성했죠. 르누아르가
그림을 그리기 시작했을 때 오른쪽을 그렸고 나중에 왼쪽을 그렸
어요. 오른쪽의 엄마와 아이는 거친 붓질과 환한 빛의 효과가 나타
나도록 그렸고 왼쪽의 검은 옷을 입은 여인은 부드러운 선과 어두
운 색채로 그렸어요. 이탈리아 여행에서 미켈란젤로, 라파엘로 등
거장의 작품을 보고 영향을 받은 것이라고 합니다.

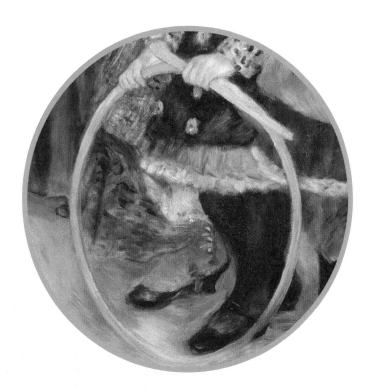

▌ 굴렁쇠 놀이

그림에서 앞쪽에 서 있는 소녀는 굴렁쇠를 가지고 있
습니다. 굴렁쇠가 균형을 잃지 않고 잘 굴러가게 하려
면 막대기를 사용하여 굴려줘야 합니다. 굴러가는 속
도가 빨라지면 열심히 뛰어가서 굴렁쇠를 따라잡아
다시 막대기로 밀어줘야 하죠. 1880년대의 아이들은
이 게임을 좋아했던 것 같네요.

2 조르주 쇠라

그랑자트섬의 일요일 오후

Sunday Afternoon on the Island of La Grande Jatte

 그림 속에서 찾아보세요.

3 개

1 트럼펫

1 담뱃대

1 부채

1 원숭이

1 꽃다발

9 펼쳐진 우산

1 나비

조르주 쇠라 Georges Seurat (프랑스, 1859-1891)

점을 찍어 그림을 그리는 점묘법의 창시자. 서른한 살에 세상을 떠나서 남긴 작품은 7점이 전부입니다. 점을 찍어 색을 표현하는 방식은 작업 시간과 정성이 많이 들어가는 것으로 유명하죠. 〈그 랑자트섬의 일요일 오후〉도 2년이 걸려 완성되었습니다. 그의 그 림은 정적이고 왠지 슬퍼 보인다는 평을 듣기도 합니다.

▶ 미국 시카고 미술관 소장 / Bridgeman Images 사진

가족과 보내는 시간

1880년대 어느 화창한 일요일 오후! 작가는 프랑스 파리의 센강 한 가운데 있는 그랑자트섬에서 편안한 하루를 보내는 가족을 그렸습니다. 가족은 편안하고 조용하게 햇빛을 즐기고 있습니다.

작은 점들이 만들어내는 디테일한 묘사

자세히 들여다보면 그림이 수천 개의 작은 점으로 이루어져 있는 걸 알 수 있습니다. 그림에서 멀리 떨어져서 보면 점들이 서로 섞여서 면처럼 보입니다. 쇠라는 '점묘법'이라고 불리는 당시로써는 무척 특이한 화법의 창시자입니다. 나무, 풀, 심지어 사람들을 묘사하기 위해 점을 여러 가지 색과 결합했습니다. 섬을 둘러싼 물에 얼마나 많은 색이 사용되었는지 살펴보세요. 놀라울 정도입니다. 그는 밝은색을 사용해서 태양이 잔디 위 어느 지점을 비추는지, 또 어두운색으로는 그 그림자가 어디에 드리워지는지 표현했습니다.

1880년대의 옷차림

1880년대에는 성인은 집을 나갈 때 모자를 썼습니다. 여자들은 항상 긴 드레스나 치마를 입었죠. 많은 사람이 일요일 오후에 가장 좋은 옷을 입고 가장 좋은 모자를 꺼내 썼어요. 그때가 친구들을 만나게 될 가능성이 컸으니까요.

그림은 여름날인데 옷차림이… 글쎄요, 편안하게 보이나요? 한 남자는 재킷을 벗고 있네요. 공원에서 저런 정장 차림으로 할 수 있는 일은 많지 않겠어요. 역시 공원에서는 햇빛 가리개용 모자, 선글라스, 파라솔이 필요하죠.

벽만 한 그림

이 그림은 높이가 2m 이상이고 폭이 3m나 되는 대작입니다. 웬만한 방의 한쪽 벽만 한 크기죠. 쇠라는 2년 동안 열심히 점을 찍어서 이 작품을 완성했습니다. 너무 커서 작품 앞에 서면 그 장면 속으로 바로 걸어 들어가도 될 것 같은 착각이 들 정도입니다. 또 작품 속 저 먼 곳까지 한참 쳐다보면 공원을 달리는 듯한 느낌도 든답니다.

도전! 점묘법

만약 여러분이 점묘법에 도전한다면 구름 같은 단순한 것부터 그려보는 것이 좋습니다. 크레용이나 마커 펜을 잡고 종이에 색 점을 찍어보세요. 하늘은 밝은 파란색, 자주색, 회색 그리고 흰색을 사용하세요. 쇠라의 작품 세계가 더 잘 이해될 겁니다.

3 쿠엔틴 마시스

환전상과
그의 아내

The Moneylender and His Wife

 그림 속에서 찾아보세요.

3	**창문**
4	**모자**
6	**반지**
1	**양초**
2	**말아놓은 종이**
1	**빨간 단추**
1	**유리병**
1	**저울**

쿠엔틴 마시스 Quentin Metsys (벨기에, 1466-1530)

16세기 플랑드르의 화가. 예수 및 성모화에서 출발해 종교화를 주로 그렸고 초상화와 일상 풍속을 그렸습니다. 이탈리아의 화풍을 깊이 받아들였고, 레오나르도 다 빈치에게도 영향을 받았습니다. 〈환전상과 그의 아내〉는 풍자화로 유명합니다.

▶ 프랑스 루브르 박물관 소장 / Bridgeman Images 사진

쿠엔틴 마시스
환전상과 그의 아내

500년 전의 은행

쿠엔틴 마시스가 이 그림을 그린 500년 전의 삶은 지금과 무척 달랐습니다. 대부분의 상점 주인은 숙련공이거나 식품 공급업자였습니다. 이때는 매우 큰 도시에도 은행이 없었습니다. 대신에 자기 가게에서 아내와 함께 일하는 환전상이 있었죠. 사람들은 현금이 필요하면, 이들을 찾아갔습니다. 마시스는 사람을 팔꿈치가 잘릴 정도로 꽉 차게 그려서 두 사람이 매우 중요해 보이게 했습니다.

무역과 화폐

사람들이 500년 전에 물건을 살 때, 항상 돈을 사용하지는 않았습니다. 때때로 사람들은 물물교환했습니다. 환전상에게 갔을 때도 그런 식이었을 겁니다. 무언가를 돈으로 교환할 것을 제안했을 겁니다. 남자가 저울을 들고 균형을 맞추고 있네요. 손님이 금반지를 주면 그걸 저울에 올려놓고 무게를 잽니다. 그러면 금세 금반지의 값어치를 알 수 있죠. 당시 유럽에는 지폐가 없었습니다. 그러니 남자는 금화나 은화로 반지값을 지급했을 겁니다.

▌ 거울 속의 남자

쿠엔틴 마시스가 살던 시절에는 대부분 집에 거울이 없었습니다. 당시에 유리거울은 새로운 발명품이었고, 실제로 그것을 본 사람은 거의 없었습니다. 거울이 있다면 그것은 아마도 작고, 매우 비싸서, 사람들이 무척 소중히 여겼을 겁니다. 예술가들은 거울에 매료되어 그림 속에 담곤 했습니다. 거울은 우리 눈앞에 없는 것을 보여주니까요. 이 그림에는 거울 속에 한 남자가 있습니다. 그는 화가일까요? 그는 어디에 앉아 있는 걸까요? 아주 작은 붓을 사용하여 거울의 모든 것을 아주 작게 그려야 하는데 이 일은 쉬운 일이 아니죠.

▌ 복장과 색감

그림은 종종 당시의 패션에 대해 많은 것을 말해줍니다. 작품 속 사람들은 실내에서 모자를 쓰고 있습니다. 밖이 추울지도 모르겠네요. 옷은 양털로 만들어진 것 같고 목과 손목에 가죽이 덧대어져 있습니다. 남자의 코트 색은 뒷벽의 색과 조화를 이루었네요. 여자의 빨간 가운이 돋보입니다. 그림에서는 색을 이용하여 사물이 밖으로 튀어나와 보이게 하거나 희미한 배경처럼 만들 수 있습니다.

4 에두아르 마네

튈르리 정원의 음악회

Music in the Tuileries Gardens

 그림 속에서 찾아보세요.

1 개

1 부채

3 우산

1 숟가락

1 지팡이

2 들통

5 검은 신발

1 공

에두아르 마네 Édouard Manet (프랑스, 1832-1883)

사실주의가 대세였던 19세기 프랑스에 돌연 인상파 화가들이 등장합니다. 이는 기존 화풍과는 아주 달랐죠. 이 이질감을 없애고 이 두 화풍을 연결해 준 화가가 바로 에두아르 마네입니다. 부유하게 자란 마네는 〈튈르리 정원의 음악회〉에서 보여주듯 파리 부르주아의 삶을 주로 그렸습니다.

▶ 런던 내셔널 갤러리 소장 / Bridgeman Images 사진

▌재능을 알아본 삼촌

에두아르 마네는 1832년 프랑스 파리에서 태어났습니다. 그의 아버지는 변호사였으며 아들도 변호사가 되기를 원했습니다. 그러나 그의 삼촌은 소년의 예술성을 인정하고 루브르 박물관에서 하는 그림 수업에 데려가 재능을 키울 수 있게 했습니다. 이후 마네는 당대 최고의 화가가 되었습니다.

▌그림 속 마네를 찾아라

이 작품은 마네의 중요한 그림 중 하나입니다. 지금은 고풍스러워 보이지만, 그 시대에는 매우 현대적이라는 평을 들었습니다. 마네는 그의 친구와 친척 들을 작품 속에 그려 넣곤 한 거로 유명한데, 가끔은 본인의 모습을 그려 넣기도 했습니다. 이 작품에는 갈색 수염과 콧수염을 기른 남성이 많은데 그중 맨 왼쪽 턱수염을 기른 사내가 마네입니다.

▌ 연주자들은 어디에?

틸르리 정원은 루브르 박물관 근처에 있
는 파리의 큰 공원 중 하나입니다. 요
즘도 마네 시대와 마찬가지로 날씨
좋은 주말이면 사람들이 밤나무
그늘에 모여 앉아 친구들과 시간
을 보냅니다. 이 작품에서 사람들
은 연주회를 보기 위해 모였습니
다. 그런데 연주자들은 안 보이네
요. 아, 모두가 그림 밖 세상을 보고
있네요. 바로 우리를 보고 있는 거죠.
그렇다면…, 혹시 여러분이 그들이 기
다리는 음악가 중 한 사람?

▌ 놀기 좋은 날

그림 속 아이들은 특별한 나들이를
위해 가장 좋은 옷을 차려입었어요.
좋은 옷을 입었으니 조심해서 놀아
야 하는데, 아이들이 그렇게 되나요.
벌써 열심히 놀 준비를 하고 있네요.
아이들의 장난감인 굴렁쇠와 들통
과 공을 찾아보세요.

가정집의
아이들 놀이방

Nursery

 그림 속에서 찾아보세요.

프리츠 폰 우데 Fritz von Uhde (독일, 1848-1911)

독일에 인상주의를 도입한 화가. 기병대 교관으로 있다가 그만두고 그림을 시작했습니다. 네덜란드를 여행하며 소박한 사실주의를 받아들였고 파리에서 인상주의에 눈을 떴죠. 농부와 가난한 여성들을 주로 그렸으며 당대에는 '우중충하다'는 평을 듣기도 했습니다.

▶ 독일 함부르크 미술관 소장 / Bridgeman Images 사진

가정집의 아이들 놀이방

독일인의 일상

프리츠 폰 우데는 독일인의 일상을 화폭에 담곤 했습니다. 이 작품은 꼬마 숙녀들이 놀이방에서 노는 조용한 순간을 부드러운 색채로 담았습니다. 엄마는 한쪽에서 뜨개질하고 있고 첫째로 보이는 소녀는 의자에 앉아 바느질하고 있어요. 그 주변에서 동생들은 인형놀이를 하고 있어요. 평범한 일상이지만, 화가는 섬세함으로 그림을 특별하게 만들었어요. 소녀들의 장난감과 인형 옷, 아이들이 그린 그림, 종이 화환까지 모두 꼼꼼하게 그려 넣은 거죠. 마치 모든 것이 중요하다는 듯이. 이 점은 우리가 그림을 그릴 때나 일상생활을 할 때 새겨야 할 자세입니다. 디테일이 떨어지면 어떤 중요한 것도 중요하지 않게 보일 수 있으니까요.

창문 밖의 세상

화가들이 그림 속 주인공들에 대한 추가 정보를 알려줄 수 있는 한 가지 방법은 작품에 열린 창과 문을 그려 넣는 것입니다. 이 작품에서 우리는 그림 속 소녀들의 일상을 이 방에 있는 물건을 통해 유추할 수 있습니다. 반면 우리는 창문 밖을 통해서 그들의 이웃과 거리의 모습도 조금은 알 수 있습니다.

날씨와 시간, 건물의 위치 유추

폰 우데는 이 부분에서 재미있는 몇 가지 사실을 알 수 있게 했어요. 예를 들어, 정확히 몇 년인지 알 수는 없지만 날씨가 따뜻하다는 것을 알 수 있습니다. 어떻게요? 열린 창을 통해서입니다. 창문을 통해 햇빛이 많이 들어오고 있어요. 그렇다면 이때가 오전일까요, 오후일까요? 힌트는 벽시계입니다. 벽시계가 4시 10분을 가르키고 있어요. 그렇다면 이 방은 1층에 있을까요, 2층에 있을까요? 2층이죠. 어떻게 알 수 있을까요? 거리 건너편 집의 창문을 보세요. 이웃집 창문이 현관문 위에 위치한 게 보이네요.

1889년의 복식

이 그림은 1889년에 그렸어요. 당시에는 자동차와 비행기가 없었어요. 이 소녀들은 열차나 말, 마차로 여행했을 거예요. 여성들은 긴 드레스를 입었습니다. 테이블 아래를 보면 어머니의 줄무늬 치마를 볼 수 있습니다. 소녀들은 옷이 더러워지는 것을 막으려고 앞치마의 일종인 피나포어를 덧입었어요. 1889년에는 옷이 더러워지면 세탁기에 던져 넣을 수 없었고 손빨래를 해야 했어요. 그러니 가능한 한 오랫동안 옷을 깨끗하게 유지하는 것이 중요했죠. 이 그림에 나오는 소녀 두 명이 바로 그 피나포어를 입고 있네요.

테바이데

Thebaide

 그림 속에서 찾아보세요.

프라 안젤리코 Fra Angelico (이탈리아 토스카나, 1395-1455)

초기 르네상스 시대의 세밀화가. 어려서 페조레의 도미니코 수도원에 들어가 주로 제단화와 대형 작품들을 제작했습니다. 작품의 풍경과 혁신적인 구성은 레오나르도 다빈치 같은 후기 르네상스 화가들에게 영향을 미쳤다고 합니다. 특유의 청아한 표현력으로 피렌체 회화에서 독자적인 위치를 점하고 있습니다.

▶ 이탈리아 우피치 미술관 소장 / Bridgeman Images 사진

다양한 삶의 장면

프라 안젤리코가 1400년대에 이탈리아에서 그린 그림입니다. 테바이데는 기독교인들이 로마 데키우스황제의 박해를 피해서 모여 살았던 이집트 사막 지역을 말합니다. 이 그림에는 매우 다양한 장면이 담겨 있습니다. 누군가의 발을 씻겨주는 사람도 있고, 주전자와 칼과 빵이 놓인 테이블에 앉아 있는 남자도 있습니다. 발을 씻겨주는 사람은 누구의 발을 씻겨주는 걸까요? 테이블에 앉아 있는 남자는 옆에 있는 개에게 먹을 것을 주려는 걸까요? 종 치는 남자도 있는데 그의 종은 무엇을 알리는 신호일까요? 점심시간을 알리는 걸까요? 나무에 올라가 있는 남자도 있네요.

사람과 동물과 동굴

이 그림에는 사람 외에 동물과 동굴, 건물도 등장합니다. 동물의 종류만 해도 다양하죠. 찾아보는 재미가 있는 작품입니다. 어떤 장소에서는 동물 등에 타고 있는 남자도 있네요. 바위가 많은 곳에 동굴이 많고 거기에 사는 사람도 많아 보입니다.

사물의 크기를 마음대로

그림 그리기의 재미 중 하나는 사물을 내가 원하는 크기로 그릴 수 있다는 것입니다. 프라 안젤리코는 그것을 알고 있었습니다. 이 그림을 봤을 때 집의 크기가 이상하다고 생각하지 않았나요? 집이 사람 크기만 합니다. 집 중 일부는 너무 작아서 앉아 있을 수도 없어 보여요. 배도 아주 작습니다. 그림의 왼쪽 아래를 보면 한 사람이 탈 수 있을 만한 배가 있는데 (사람을 크게 그린 걸까요, 배를 작게 그린 걸까요?) 거기에 다른 한 사람이 올라타려 하고 있습니다. 다음에 어떤 일이 일어날까요? 그들은 둘 다 탈 수 있을까요, 아니면 배가 뒤집힐까요?

상상 속 풍경은 작게

프라 안젤리코는 이 그림을 그리기 위해 상상력을 발휘했습니다. 설정은 이집트 도시지만, 프라 안젤리코는 이탈리아에 살았고 이 도시에 가 본 적이 없습니다. 그래서인지 상상 속 풍경은 아주 작게 그렸습니다. 그러다 보니 집이나 산은 작게 그려졌어요. 그 덕분에 이처럼 많은 상황을 한 그림에 담을 수 있었던 게 아닐까요?

7 클로드 모네

점심

The Luncheon

 그림 속에서 찾아보세요.

1 흰 장미가 달린 모자

1 빨간색 테두리가 있는 모자

2 컵

1 펼쳐진 양산

1 접힌 양산

2 과일 그릇

1 나무 장난감

2 빵

클로드 모네 Claude Monet (프랑스, 1840-1926)

인상주의 화풍의 창시자 중 한 사람. 모네의 인생은 거의 '빛과 색채'와의 싸움이었습니다. 그는 연작을 통해 시간에 따라 변하는 빛이 동일한 장소와 사물을 어떻게 바꾸는지 탐색했어요. 여러 연작 중에 말년에 그린 〈수련〉은 빛과 색채에 따른 오묘한 풍경의 변화를 가장 아름답게 그린 작품으로 평가됩니다.

▶ 프랑스 오르세 미술관 소장 / Bridgeman Images 사진

밖에서 그림 그리기

사방에 꽃이 있고 햇볕이 따뜻하게 내리쬐는 곳. 클로드 모네는 화창한 날의 느낌을 그림에 담길 좋아했습니다. 그는 대표적인 인상파 화가 중 한 사람. 이전만 해도 화가들이 대개 스튜디오에서 그림을 그렸지만 인상파는 밖에 나가서 그리는 것을 좋아했습니다. 모네는 하루 중 시간에 따라, 일 년 중 계절에 따라 달라지는 정원을 계속해서 그렸습니다. 그는 햇빛이 바뀌면 정원이 어떻게 바뀌는지 보는 걸 좋아했어요. 이 그림에서 햇빛이 어디로 떨어지고 있는지 보이나요? 모네는 밝은 색상을 사용하여 햇볕의 따뜻함을, 어두운 색상으로 차가운 느낌을 표현했습니다.

덧칠 기법

어린 소년의 어머니 카밀이 그림의 뒤쪽에 있습니다. 그녀는 친구와 산책하며 꽃을 즐기고 있네요. 모네는 꽃을 표현하기 위해 여러 물감을 덧칠하는 기법을 사용했어요. 모든 꽃잎을 칠하려고 하지 않고 꽃이 활짝 피었을 때의 색상을 표현하려고 노력했습니다. 자세히 살펴보면 붉은색, 오렌지색, 흰색 등 여러 색상이 꽃 하나에 칠해져 있음을 알 수 있습니다. 이 그림의 색상은 여름 느낌입니다. 그럼 가을이나 겨울 색상은 무엇일까요?

▌어린 아들의 블록 쌓기

그늘에서보다 햇볕이 있는 밝은 곳에서 뭔가를 보기가 더 쉽
지만, 모네의 아들 장은 햇볕이 마음에 들지 않나 봅니다. 그
는 그늘에 앉아 나무 블록을 쌓고 있어요. 그 시대에는 전기
도 디지털도 없으니 아이들은 블록, 구슬, 인형 같은 장난감
을 가지고 놀았습니다. 장은 블록을 가지고 노느라 바빠서 다
른 사람들이 무얼 하고 있는지 알지 못하는 거 같네요. 그러
나 그의 아버지는 이젤과 물감을 가지고 그 근처에 있었겠지
요. 이 그림을 그릴 때 모네는 어디에 있었을까요?

▌먹고 남은 것들

테이블에 먹고 남은 과일 디저트의 흔
적이 잔뜩 남아 있네요. 하지만 멋진 점
심 식사였습니다. 테이블은 흰 식탁보
로 덮여 있고, 예쁜 도자기 접시와 은주
전자로 세팅되었어요. 식당이라기보다
는 집 정원에서의 식사 같아 보입니다.

37

8 **윌리엄 홀먼 헌트**

어린이날

(페어베인 부인과 그녀의 아이들)

The Children's Holiday

 그림 속에서 찾아보세요.

1 **파란색 보타이**

1 **딸기 목걸이**

1 **손에 든 복숭아**

1 **반지**

1 **바구니**

1 **머리띠**

2 **숟가락**

1 **과일이 담긴 모자**

윌리엄 홀먼 헌트 William Holman Hunt **(영국, 1827-1910)**

윌리엄 홀먼 헌트는 종교적이고 경건한 소재에 관심을 두었습니다. 사실주의적인 양식과 선명한 색채, 꼼꼼한 세부묘사가 특징입니다. 사회적인 문제와 자연·종교·문학을 그림의 주제로 다루었는데 감정 표현능력이 뛰어나다는 평가를 받았습니다.

▶ 영국 토르 수도원 소장 / Bridgeman Images 사진

▌소풍에 필요한 물건들

작품 속의 시대에는 공원으로 소풍 가기 위해서는 많은 물건을 이동해야 했을 것 같습니다. 빨간 가죽 의자, 은 식기, 차 등을 공원으로 옮겨다 놓았어요. 오리엔탈풍의 양탄자까지 와 있네요. 보이시나요?

▌빛에 대한 세심함

예술가들은 그림 속의 빛에 세심한 주의를 기울입니다. 헌트는 이 그림에서 어두운색 바로 옆에 밝은색을 칠할 때 매우 조심했습니다. 나무 아래 그림자조차도 밝음과 어둠이 교차하는 줄무늬처럼 보이게 세심하게 칠했습니다.

▮ 어린 사슴 두 마리

이 그림에서 어린 사슴 두 마리는 길들지 않은 것 같아요. 그들은 소풍 온 사람들을 무척 호기심 어린 시선으로 쳐다보고 있어요. 이들이 가족 초상화가 다 그려질 때까지 가만히 있진 않았을 텐데 어떻게 그렸을까요?

▮ 사실적 묘사

헌트와 그의 동료들은 가능한 한 사실적으로 그림을 그렸어요. 이 그림에서 헌트가 특히 사실적으로 묘사한 부분들을 찾아볼까요? 모자 위에 있는 깃털은 손가락으로 감싸면 실제로 깃털처럼 느껴질 것 같네요. 나무껍질은 만져 보면 매우 거칠 것 같아요. 나무의 잎사귀 하나하나도 매우 사실적으로 그렸습니다.

스케이트 타는 사람들과 겨울 풍경

Winter Landsape with Ice Skaters

 그림 속에서 찾아보세요.

3 말

1 누군가 잃어버린 모자

1 사다리

1 돛이 있는 배

1 노

1 도끼

1 그믐달 그림 표지판

1 깃털 장식을 한 말

헨드릭 아베르캄프 Hendrick Avercamp (네덜란드, 1585-1634)

장애를 가진 어머니에게서 태어나 말을 하지도 듣지도 못하고 살았습니다. 대신에 세상을 깊이 있게 들여다보는 눈을 부여받은 그는 사람들이 사는 모습을 아주 상세하게 관찰하고 그림에 담았습니다. 주로 네덜란드의 겨울 풍경을 그렸는데, 얼어붙은 운하와 강에서 겨울 활동을 즐기는 무수히 많은 사람을 빼곡하게 그림에 담아냈습니다.

▶ 암스테르담 국립미술관 소장 / Bridgeman Images 사진

스케이트 타는 사람들과 겨울 풍경

1600년대 네덜란드, 꽁꽁 언 강에서의 겨울 운동

북유럽 화가들의 풍속화는 그림 속 아주 작게 그려진 사람에서도 흥미로운 이야기가 나올 것만 같습니다. 이 그림도 저 멀리까지 겨울 날씨를 즐기는 사람들이 작고 빼곡하게 그려져 있습니다. 그들은 얼어붙은 강 위에서 스케이트와 썰매를 타고 있습니다. 스케이트는 헨드릭 아베르캄프가 살았던 네덜란드에서 매우 인기 있는 겨울 운동이었습니다. 1600년대에 겨울은 매우 추워서 말과 썰매가 지나다녀도 깨지지 않을 정도로 강이 두껍게 얼었답니다.

호수에 비친 내 모습

호수 또는 연못에 비친 내 모습을 본 적이 있나요? 그것은 마치 거울을 들여다보는 것과 같죠. 얼음에서도 마찬가지예요. 말과 빨간 썰매를 보세요. 얼음 위로 비친 모습이 색감까지 잘 표현되어 있습니다.

▎푹신한 치마와 페티코트

이 그림에서 보이는 겨울옷은 요즘과는 다릅니다. 1600년대에
남자들은 재킷과 무릎까지 내려오는 반바지를 입고 그 아래로
스타킹을 신었습니다. 여자들은 푹신한 치마와 페티코트를 입었
습니다. 모두 모자를 썼어요. 두 개의 주황색 깃털이 달린 모자를
찾아보세요.

▎원근법

이 그림은 평평한 나무 조각에 그려
졌지만 마치 강 하류로 죽 길이 이어
지는 듯합니다. 작가는 어떻게 이런
효과를 냈을까요? 앞에 있는 사람들
을 크게 그리고, 뒤에 있는 사람들은
점차 작게 그리는 걸 반복해서 마침
내 그들이 거의 보이지 않을 만큼 작
아지게 했어요. 그렇게 해서 거리감
을 만든 거죠. 원근법입니다.

점쟁이

The Fortune Teller

 그림 속에서 찾아보세요.

1 동전

2 토끼

1 귀고리

1 클리퍼(자르는 도구)

1 금 팔찌

2 새

1 칼집에 들어 있는 칼

1 금으로 된 걸쇠

조르주 드 라 투르 Georges de La Tour (프랑스, 1593-1652)

바로크 시대의 화가. 거짓과 속임이 난무하는 세상을 담은 풍속화와 경건한 신앙의 종교화를 주로 그려 큰 인기를 얻었어요. 사후 오랫동안 잊혔다가 1934년에 열린 전시회 덕분에 미술사의 주요 화가로 재발견되었어요. 촛불 장면의 대가, 세밀하게 관찰된 세부묘사, 빛의 극적인 사용이 화풍의 특징입니다.

▶ 뉴욕 메트로폴리탄 미술관 소장 / Bridgeman Images 사진

앗 도둑!

오, 안돼요! 잘 차려입은 도도한 한 젊은이가 점쟁이와 이야기하느라 정신이 팔린 동안 주변의 누군가가 그의 주머니를 털고 있어요. 여인 하나는 그의 주머니로 손이 가고 다른 하나는 그가 몸에 두르고 있는 금장식을 자르려고 하네요. 그들이 그의 물건을 훔치고 있어요!

눈이 단서

이 그림에서는 눈을 자세히 보세요. 남자는 자신을 쳐다보고 있는 노파를 보고 있죠. 노파는 남자가 복채로 준 은화를 들고 있습니다. 그녀는 남자가 자신에게 집중하도록 유도하면서 말하고 있어요. 그의 금장식을 자르려는 여자는 정면을 바라보고 있지만 우리와 눈을 마주치지는 않아요. 그녀의 비열한 눈은 남자의 얼굴을 향해 있어요. 그녀의 손이 무얼 하는지 남자가 눈치채지 못하게 하려는 의도죠. 그의 주머니에서 뭔가를 훔치려는 여자는 마치 그에게 전혀 관심을 두고 있지 않은 것처럼 아래를 보고 있습니다. 화가는 눈으로 이야기를 전하고 있는 겁니다.

▌아름다운 옷

조르주 드 라 투르가 그림을 그리던 1600년대에 사람들은 부자처럼 보이는 옷을 좋아했어요. 그래서 남자 옷도 여자 옷만큼 아름다웠어요. 그림 속의 젊은이는 실크 소매에, 멋진 수가 놓인 벨트를 하고 있습니다. 이런 예쁜 물건은 값이 비쌌고, 이런 옷을 입으면 그 사람이 얼마나 부자인지 가늠할 수 있었어요.

▌멋진 직물

대형선박이 유럽과 동쪽을 여행하며 옷을 만들 아름다운 천을 가지고 돌아왔습니다. 이 그림에서 이를 볼 수 있습니다. 늙은 여자가 옷 위에 걸친 천에는 동물, 새, 화병 문양이 직조되어 있습니다. 다른 여자들은 가장자리가 금으로 된 옷을 입고 있어요. 멋쟁이 도둑이네요.

▌어두운 그림자

작가는 그림자를 넣어서 그림의 분위기를 어둡게 만들었습니다. 왼쪽에 있는 두 여인은 전체적으로 어둡습니다. 이 다섯 사람이 밝은 햇빛이 비치는 바깥에 있었다면 그림이 지금처럼 교활하고 위험해 보일까요? 그들이 밖에 있다면, 누군가가 그들에게 일어나고 있는 일을 볼 수 있고 여자들의 소행을 막을 수 있습니다. 어둠은 이 여자들이 하는 일을 숨기는 데 도움이 되는 거죠.

성 안토니우스의 유혹

The Temptation of Saint Anthony

 그림 속에서 찾아보세요.

2 사다리

1 작은 활과 화살

1 엎질러진 물 주전자

1 깔대기

3 다리

2 종

1 알파벳 T

1 안토니우스의 안경

히에로니무스 보스 Hieronymus Bosch (네덜란드, 1450-1516)

기괴함의 거장으로 평가되는 네덜란드 화가. 초현실주의의 선구자로 불립니다. 종교 제단
화를 그리기도 했지만, 공상적인 반인반수의 짐승들을 묘사한 그림으로 더 유명합니다.

▶ 스페인 프라도 국립미술관 소장 / Bridgeman Images 사진

괴물의 탄생

히에로니무스 보스는 1400년대에 이 그림을 그렸습니다. 보스의 그림을 본 사람들은 보통 작가가 만들어낸 괴물을 기억합니다. 이 그림에도 괴물들이 있습니다. 팔이 달린 건물 같아 보이는 괴물, 거북이 머리를 한 괴물. 또 다른 괴물이 있는지 자세히 살펴보세요!

대피소

안토니우스는 비를 피하고자 오래된 나무와 밀짚을 이용하여 산허리에 대피소를 마련했습니다. 아무리 봐도 편히 잘 수 있을 곳 같지는 않습니다.

▌애완 돼지

안토니우스는 청년이었을 때 돼지를 돌보았다고 합니다. 그림에서 종종 그가 애완 돼지와 함께 있거나 여행에 동행하는 모습을 볼 수 있습니다. 이번 그림에서는 귀에 작고 예쁜 종이 있고 옆에 있는 괴물에게는 아무런 관심 없는 애완 돼지가 곁에 있습니다.

▌사막에 웬 나무?

작가는 이 그림을 그릴 때 사막을 그릴 것으로 생각했지만 정작 그는 사막을 본 적이 없었습니다. 그는 물과 농경지가 많은 네덜란드에 살았으므로 그가 그린 사막에는 나무, 풀, 개울, 작은 꽃식물이 있습니다. 그림에서는 사물을 자신이 좋아하는 어떤 방식으로도 표현할 수 있으니 얼마나 멋진 일입니까?

▌원근 묘사

이 그림에서 안토니우스는 언덕에 앉아 있습니다. 어떻게 알 수 있을까요? 작가는 안토니우스와 함께 언덕 꼭대기에 있는 모든 것은 크게 그렸고 그 아래에 있는 것은 작게 그렸습니다. 우리가 산 정상이나 초고층 건물 전망대에 올랐을 때 아래로 보이는 것이 작아 보이듯, 작가는 이를 반영해 그림을 그렸습니다.

찰스 긴너

피카딜리 서커스

Piccadilly Circus

 그림 속에서 찾아보세요.

6 바퀴

1 초록색 모자

1 자동차 핸들

1 흰색 밴드가 있는 모자

3 램프

1 자주색 모자

2 숫자 19

1 글자 "ROOM"

찰스 긴너 Charles Ginner (영국, 1878-1952)

영국 후기인상파 화가. 풍경과 도시 그리는 것을 좋아해서 런던의 곳곳을 그렸습니다. 의사 아버지의 반대로 건축회사에 다니다가 27세에 파리의 국립미술학교에 들어가 미술공부를 시작했어요. 남아메리카에 후기인상파 화풍을 전한 작가이자 영국의 후기인상파 화가 그룹인 캄덴타운 그룹의 멤버이기도 합니다.

▶ 런던 테이트 브리튼 미술관 소장

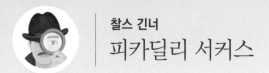
서커스는 어디에?

'피카딜리 서커스'를 그렸습니다. 그런데 우리가 아는 '서커스'가 아닌가 봐요. 곡예사와 광대가 보이질 않네요. 이 그림의 '서커스'는 원형 교차로를 의미합니다. 런던의 최고 번화가로 큰 쇼핑센터들이 즐비하고 항상 관광객으로 붐비는 장소를 말합니다. 그 교차로의 바쁜 오후 풍경을 담았습니다.

피카딜리는 무엇?

'피카딜리'는 1600년대에 유행하던 주름 장식의 옷깃 스타일에서 나온 말입니다. 당시 근처 양복점에서 고안한 '피카딜(piccadil)'이라는 주름 장식 칼라가 유행했는데 이 칼라로 부자가 된 양복점 주인이 지금의 광장 북쪽에 집을 지었는데 그 집이 '피카딜리 하우스'라고 불렸고 광장은 피카딜리라고 불리게 되었습니다.

분주한 일상을 담아내는 방법

어떻게 하면 그림 속 장면이 정말 바빠 보이게 할 수 있을지 작가는 알고 있었던 것 같습니다. 차의 절반과 커다란 붉은 버스 일부만 보이게 해서 더 분주한 분위기가 나게 했어요. 너무 혼잡하니까 뭐든 전체 모습이 다 보이지 않고 겹쳐 있는 거죠. 거리의 꽃 파는 상인은 그림 중앙에 여백이 느껴지지 않게 그려 넣었고, 검은색 옷을 입은 여인은 그림 밖으로 나가는 것처럼 보이게 그려서 공간 및 시간의 여백을 차단했습니다. 이층 버스에 탄 사람들은 그림의 꼭대기 부분에서 머리를 부딪칠 듯 보입니다.

꽃 파는 여인

복잡한 교차로 한가운데, 한 여자가 행인들에게 팔려고 꽃다발을 만들고 있습니다. 모자를 쓰고 앞치마를 두른 그녀는 장사 준비를 마쳤습니다. 런던 전역에서 꽃과 먹거리를 파는 여성들을 "coster girls"라고 불렀습니다. 그들에게서 또 무엇을 살 수 있었을까요? 힌트! costers는 사과를 의미합니다.

런던의 생활

작가는 런던의 일상 풍경 그리기를 좋아했습니다. 그의 그림은 1900년대 초의 삶이 어떠했는지를 보여줍니다. 그가 100년 전에 이 그림을 그렸을 때는 모든 것이 지금과 달랐습니다. 1912년에 사람들은 열쇠가 아니라 크랭크로 자동차에 시동을 걸었습니다. 녹색 차 앞을 보면 엔진 아래에 크랭크가 보입니다.

농부의 결혼식

The Peasants' Wedding

 그림 속에서 찾아보세요.

피터 브뢰겔 영거 Pieter Brueghel the Younger (플랑드르, 1564~1636년)

화가 피터 브뢰겔 엘더의 장남. 아버지의 화풍에 영향받아 주로 풍속화·종교화를 그렸습니다.
이외에 겨울 풍경이나 공상적이고 괴기한 장면을 즐겨 그려 '지옥의 브뢰겔'이라 불렸습니다.

▶ 캐나다 온타리오 미술관 소장 / Bridgeman Images 사진

결혼식장에서 나는 소리

결혼식 중간에 식장에 도착했다고 상상해보세요. 어떤 소리가 들릴까요? 두 남자가 백파이프로 춤곡을 연주하고 있고, 모두 즐겁게 즐기고 있습니다. 사람은 많아서 붐비고 음악 소리, 이야기 소리에 식장은 무척 시끄럽습니다.

화가 집안

피터 브뢰겔 영거는 화가 집안에서 태어났습니다. 아버지(피터 브뢰겔 엘더)도 화가였고 그의 형제와 아들도 화가였습니다. 우리는 브뢰겔의 그림을 통해 400년 전 북유럽에서 살았던 보통사람들의 삶에 대해 알 수 있습니다. 그는 농민의 삶을 자주 그렸습니다. 농민들은 토지를 경작하고 동물을 돌보며 열심히 살았습니다. 하지만 결혼식과 같은 행사를 치를 때면 그들은 즐기는 방법도 알고 있었습니다.

검은 드레스를 입은 신부

오늘날의 결혼식과는 달라 보이네요. 눈에 띄는 한 가지는 테이블에 앉아 있는 신부가 검은 드레스를 입고 있다는 겁니다. 레이스로 된 칼라와 커프스가 있는, 그녀가 가진 가장 좋은 드레스입니다. 농부들은 가난해서 그들이 가진 옷 중 하나를 입고 결혼식에 갔습니다. 신부의 손님들은 결혼 선물로 그녀 앞의 접시에 동전을 내려놓고, 남자는 그것을 모두 기록하고 있습니다.

▌ 한 작품에 많은 사람을 그려 넣는 방법

작가는 한 그림에 많은 사람을 그려 넣는 데 선수입니다.
그는 이 그림을 나뭇가지에 앉아서 군중을 내려다보듯
이 그렸습니다. 그래서 그림은 뒤쪽에 모인 사람들의 팔
과 다리가 아니라 머리와 어깨를 주로 보여 주고 있습니
다. 또, 사람들의 옷에 많은 색상을 사용했고, 다양한 종
류의 모자를 그렸습니다. 그 덕분에 모든 사람이 다 생생
하게 표현되었습니다.

▌ 춤출 준비 되셨나요?

사람들이 추고 있는 춤은 특정한
춤은 아닌 것 같습니다. 어떤 사
람들은 손을 잡고 있고, 어떤 사
람들은 돌고 있고, 또 어떤 사람
들은 등을 맞대고 추고 있습니다.
앞에 있는 남자와 여자는 양손을
허리에 얹고 마주 보며 춤추고 있
네요. 서로 앞뒤로 왔다 갔다 할
것 같아 보이는데, 그럴까요?

61

제임스 티소

숨바꼭질

Hide and Seek

 그림 속에서 찾아보세요.

4 **어린이**

1 **열린 문**

2 **머리띠**

3 **거울**

2 **찻잔**

1 **검은 신발**

3 **가면**

1 **공**

제임스 티소 Jacques (James) Tissot (프랑스, 1836-1902)

화가, 판화가. 파리의 사교계 여인들을 정확하고 생동감 있게 표현한 그림으로 성공한 티소는 1872년 프랑스의 불안정한 정치 상황을 피해 영국으로 이주하게 됩니다. 그곳에서 평생의 뮤즈를 만나 사랑에 빠지게 되는데, 안타깝게도 평생의 연인이 병으로 죽자 혼자 살며 말년에는 종교화를 많이 그렸습니다.

▶ 미국 워싱턴 국립미술관 소장 / Bridgeman Images 사진

▌ 부드럽고, 딱딱하고, 보송보송한 질감

이곳은 작가가 그림을 그리는 작업실입니다. 작가는 작업실을 그림에 담을지도 모르는 물건들 즉, 편안한 가구, 예쁜 양탄자, 화병, 베개, 담요로 채웠습니다. 그는 모든 것의 질감을 잘 살려서 세심하게 그렸습니다. 어떤 게 부드럽고 어떤 게 딱딱한지 보는 것만으로 알 수 있게 말이지요.

▌ 숨바꼭질이야, 공놀이야?

오렌지색 리본이 달린 흰 드레스를 입고 있
는 꼬마 소녀는 무엇을 하고 있을까요? 소
녀는 술래이고 숨은 사람을 찾고 있는 걸까
요? 소녀는 마치 바닥의 공을 쫓아가는 것
처럼 보입니다. 방 안에서 숨기에 좋은 장소
는 어디일까요?

▌ 빛

빛은 화가에게 무척 중요합니다. 색칠과 붓의 관계
처럼 중요합니다. 티소의 작업실에는 키 큰 창과 유
리문이 많습니다. 그래서 햇빛이 많이 들어옵니다.
작업실 안에서 햇빛이 많이 떨어지는 곳은 어디일까
요? 거울, 반짝이는 가구 표면, 그리고 아이들의 얼
굴을 보면 알 수 있습니다.

성 우르술라의
도착

The Arrival of Saint Ursula

 그림 속에서 찾아보세요.

1 빨간 개목걸이

1 새

1 돛대 위의 남자

1 둥근 지붕

2 종이

2 깃털이 달린 헬멧

1 다리 위의 남자

1 창 안에 있는 사람

비토레 카르파초 Vittore Carpaccio (이탈리아, 1465-1525/26)
이탈리아의 궁정화가 젠틸레 벨리니에게 그림을 배웠습니다. 종교를 주제로 당시 베네치아 건
물이나 사물을 화려한 색채로 그리는 걸 즐겼어요. 풍부하고 조화로운 색채를 사용해 안정적인
작품을 구성하는 것이 특징으로 '근대적'이라는 평가를 받습니다.
▶ 베니스 아카데미아 미술관 / Bridgeman Images 사진

성 우르술라의 도착

성녀 우르술라

프랑스 북부 브르타뉴의 신앙심 깊은 공주로 1만 1,000명의 시녀를 데리고 순례를 하던 중 쾰른에서 훈족을 만나 그 수장의 구혼을 거절하는 바람에 시녀들과 함께 모두 살해되었다고 전한다.

배 타고 여행

비토레 카르파초가 이 그림을 그린 1400년대에는 배가 원하는 곳에 갈 수 있는 중요한 수단이었습니다. 당시 도로 상황은 끔찍했습니다. 도로 대부분은 흙으로 뒤덮여서 비가 내리면 진흙탕이 되었습니다. 그래서 사람들은 배로 여행하는 것을 더 좋아했고, 배편으로 음식과 다른 물품을 보냈습니다. 이에 가장 중요한 도시는 모두 강가에 세워졌거나 항구가 있었어요.

바람으로 가는 배

항해 중인 다른 배들을 볼 수 있나요? 그것들은 멀리 있을수록 작아 보이죠. 1400년대 배에는 엔진이 없었습니다. 선원들이 배를 움직이려면 돛을 채워오는 바람에 의지할 수밖에 없었죠. 바람이 강할수록 배는 빨라집니다. 바람이 없다면? 아무것도 움직일 수 없는 거죠. 이 그림에서 바람이 불고 있는 걸 어떻게 알 수 있나요? 건물과 돛대에 걸린 깃발과 페넌트를 보세요. 그들은 모두 같은 방향으로 향해 있어요. 그것은 바람 때문이죠.

▌ 선박과 육지를 연결하는 보트

한 젊은이가 우르술라를 해안으로 데려다주기 위해 보트를 타고 노를 저어서 배로 갔습니다. 그곳에는 그녀를 에스코트할 병사와 시녀 등 많은 사람이 있었습니다. 우르술라는 왕의 딸이었고 그녀는 영국 왕자와 결혼하기로 되어 있었습니다. 그런데 훈족의 수장이 구혼을 해오자 그녀는 거절했습니다. 이제 그녀는 위기에 처했습니다.

▌ 성안의 사람들

우르술라가 성안에 들어갔을 때 무엇을 보았을까요? 성은 벽 안에 갇힌 작은 도시 같았습니다. 많은 사람이 거기에 살고 있지만, 왕과 왕비는 없었습니다. 요리사, 시녀, 대장장이, 기사, 하인, 소년 마부 등이 살고 있었습니다.

16 윌리엄 호가스

그레이엄 가의 아이들

The Graham Children

 그림 속에서 찾아보세요.

1 고양이

1 작은 천사

2 새

1 바퀴

1 쿠키

2 신발 버클

2 체리

1 뾰족한 발끝

윌리엄 호가스 William Hogarth (영국, 1697–1764)

화가이자 판화가. 인간 본성에 대한 예리한 통찰과 재치, 살아있는 듯 생생한 표현력으로 18세기 영국 사회를 풍자했습니다. 주제에 맞게 그림 속 인물을 극적으로 표현하여 당시의 귀족이나 중산층의 도덕관이나 풍속을 날카롭게 비판했습니다.

▶ 런던 내셔널 갤러리 소장 / Bridgeman Images 사진

▌가족 초상화

그레이엄 가의 아이들, 헨리에타 캐서린, 안나 마리아, 리처드 로버트, 아기 토마스는 초상화를 그리기 위해 자세를 취하고 있습니다. 이 아이들의 아버지는 왕인 조지 2세의 약제사로 일했습니다. 1700년대에는 중요한 인물만 초상화를 그릴 수 있었습니다. 왕을 위해 일하는 사람은 중요한 인물이었던 거죠.

▌조용히 앉아, 제발

사진을 찍기 위해 포즈를 취한 채로 여러 시간 앉아 있어야 한다고 상상해 보세요. 바로 지금 그레이엄 가의 아이들이 처한 상황입니다. 당시에는 카메라가 없었어요. 윌리엄 호가스가 그림을 그릴 수 있도록 그들은 그대로 앉아 있어야 했습니다. 안나 마리아(그림의 중앙)의 자세는 오랫동안 그대로 있기 힘들었을 거 같네요.

▌2살 소년의 드레스

아이들은 이 그림을 위해 가장 멋진 옷을 차려입었어요. 두 소녀는 실크 드레스를 입고 있고 소년 리처드 로버트는 성인 남자의 정장처럼 바지와 재킷을 입고 있어요. 그의 남동생, 토마스는 드레스를 입고 있어요. 그 당시 소년들은 2살 때까지는 드레스를 입었답니다.

▌야옹!

야옹이는 뭐 하고 있나요? 점프하려고 벼르고 있는 것처럼 보이네요. 리처드 로버트는 버드 오르건 bird organ(새에게 노래를 가르치기 위해 사용되는 소형 오르간)을 연주하고 있습니다. 핸들을 돌리면 새의 노래가 흘러나오죠. 새장 안의 새는 음악에 맞추어 노래하고 있을지도 모릅니다. 고양이가 이를 쳐다보고 있네요.

부지발의 무도회

Dance at Bougival

그림 속에서 찾아보세요.

3 영국 신사 모자(top hat)

1 자두 다발 모자 장식

1 반지

1 기울어진 의자

1 붉은 꽃

3 콧수염

1 제비꽃 다발

3 밀짚 모자

피에르 오귀스트 르누아르 Pierre-Auguste Renoir (프랑스, 1841-1919년)

르누아르는 도자기에 그림 그려 넣는 일을 하다가 화가의 길로 들어섰습니다. 여성과 아이들의 행복한 순간을 주로 그렸어요. 빛과 그림자로 인물의 표정을 생생하게 표현했으며 밝고 화사한 색을 주로 사용했습니다.

▶ 미국 보스턴 미술관 소장 / Bridgeman Images 사진

부지발의 무도회

공원에서의 하루

사람들이 프랑스 근교의 공원에서 화창한 오후를 즐기고 있습니다. 화가들은 당시 사람들의 삶을 화폭에 담곤 합니다. 르누아르도 그랬습니다. 그는 사람들의 삶 그 모든 순간을 포착하려 애썼습니다. 어쩌면 그림 속의 사람들은 일을 끝내고 집에 가기 전에 친구를 만나 음악을 듣고 춤추며 하루를 마무리하고 있는 것일 수 있습니다. 지금도 파리에서는 친구들과 음악을 즐기면서 공원에 앉아 있는 사람들을 쉽게 찾아볼 수 있습니다.

색상 선택

춤추는 소녀는 예쁜 여름 드레스를 입고 빨간 모자를 쓰고 있습니다. 빨간색은 그림에서 가장 밝은색입니다. 작가는 그림에서 소녀가 가장 눈에 띄길 바랐나 봅니다. 눈에 띈다는 것은 작가가 중요하게 생각했다는 것이고 사용할 색상은 중요도에 맞춰 결정되죠.

▌ 살아 움직이는 듯한 사람들

그림은 움직이지 않지만, 마치 그림 속 사람들이 움직이는 것 같습니다. 어떻게 해서 그렇게 보이는 걸까요? 르누아르는 몇 가지 방법을 사용했습니다. 먼저 소녀의 치맛자락을 보세요. 사람이 돌면 치마도 돌아갈 것처럼 물결치고 있습니다. 소녀의 모자 끝도 바람에 날리듯 뒤쪽으로 나부끼고 있습니다. 또 다른 방법도 있습니다. 사람이 빨리 돌면, 지나치는 배경이 희미해 보입니다. 르누아르는 여기에 그 기법을 적용했습니다. 배경의 사람들을 자세히 그리지 않았습니다. 그러니 주인공이 더 생생해 보이는 거죠.

▌ 사람을 관찰하다

르누아르는 사람 보는 것을 좋아했습니다. 그는 그림 속 사람들에 관해 아주 상세히 묘사했습니다. 테이블에 앉아 있는 남자는 웃으며 재밌는 이야기를 하는 것 같아요. 그와 함께한 여자는 잘 들어주는 것 같고요. 춤추는 소녀는 눈길을 아래로 주고 있는 것이 조금 부끄러운 듯 보입니다. 춤추는 남자는 그녀를 좋아하는 것 같아요. 마치 키스할 것 같지 않나요?

게오르크 플레겔

정물

Still Life

 그림 속에서 찾아보세요.

1 새

1 나비

3 사자 머리

1 체크 무늬 손잡이

3 숟가락

1 열린 뚜껑

1 창을 가진 남자

1 파리

게오르크 플레겔 Georg Flege (독일, 1563-1638)

독일 최초의 정물화가. 30년 동안 100점의 정물화를 그렸습니다. 특히 식탁 위의 정물을 자주 그렸는데 꽃과 과일이 곁들여진 상류층의 음식과 식기를 정교하게 묘사했어요.

▶ 독일 뮌헨 국립미술관 소장 / Bridgeman Images 사진

정물

▌식탁 위의 정물

게오르크 플레겔이 정물을 그렸던 1500년대 사람들은 그들이 가진 예쁜 유리그릇과 은 식기, 화려한 꽃을 음식과 함께 차려내길 좋아했습니다. 물론 손님이 왔을 때나 차려낼 것 같은 상차림입니다. 여러분이 좋아하는 정물을 그린다면, 무엇을 그리겠습니까? 탁자에 올려놓으면 어떻게 보이는지 한번 살펴보세요.

▌파리와 나비, 그리고 앵무새

보통 정물화에는 사람은 없지만 때로 다른 생명체가 포함되곤 합니다. 이 그림에도 세 종류의 생물이 있습니다. 파리와 나비 그리고 앵무새를 찾으셨나요? 앵무새는 똑바로 정면을 쳐다보고 있어요. 앵무새는 1500년대 독일에서는 무척 이국적인 애완동물이었다고 하네요.

▌화가의 실력을 보여주는 정물화

정물화는 화가가 실력을 과시하기 좋은 분야입니다. 유리와 은과 레이스, 깃털, 빵 한 조각까지 실물처럼 그리는 게 포인트죠. 화가는 정물화를 통해 자신이 무엇이든 똑같이 그릴 수 있는 사람임을 과시합니다. 금속 세공과 유리의 디테일을 자세히 보세요. 작가는 그림을 만졌을 때 촉감마저 느껴지게 하려고 꽃과 얼굴, 그리고 소용돌이 모양의 세세한 부분까지 무척 정교하게 그렸습니다.

맛있어 보이는 음식들

테이블에는 다양한 음식이 차려져 있습니다. 중앙에 있는 하얀 설탕 스틱은 몹시 달콤해 보이네요. 어떤 음식이 바삭바삭하게 보이나요? 어느 것이 꼭꼭 씹어먹어야 할 거로 보이나요?

숨길 수 없는 징후

그림에는 사람이 없지만 분명히 근처에 있을 것 같습니다. 누군가 접시에서 포도를 가져가 먹다가 테이블 위에 둔 것 같아요. 또 누군가는 석류를 떼어서 갔고 누군가는 호두를 깼습니다. 그들이 누군지 앵무새는 알고 있겠네요.

비치버러의 브록만 가족

The Brockman Family at Beachborough

 그림 속에서 찾아보세요.

1 바구니

1 물고기

1 문

1 그림붓

1 턱수염

4 검은 모자

1 책

1 돔 지붕

에드워드 헤일리 Edward Haytley (영국, ?-?)

생몰연대는 알려지지 않았습니다. 다만 작품 활동을 한 시기는 1740-1764년까지라고 합니다. 초상화와 풍경화를 주로 그렸는데 전하는 작품은 많지 않습니다.

▶ 호주 빅토리아 국립미술관 소장 / Bridgeman Images 사진

정원의 가족 초상화

브록만 가족은 정원에 있는 그들의 모습을 가족 초상화로 남기길 원했습니다. 그들은 가장 멋진 옷을 차려입었습니다. 물론 보통 때도 이런 복장이었을 리는 없겠죠? 낚시하고, 그림 그리고, 책 읽는 모습이 무척 여유로워 보입니다.

작가가 보여주려 한 것은?

어린 소녀가 뭐라고 말하고 있는 것 같습니다. 파란색 옷을 입은 숙녀에게 흰 옷을 입은 소녀가 다가가 '저기 저 숙녀가 먼저 물고기를 잡았다'고 말하는 건 아닐까요? 아니면 소녀는 백조를 가리키고 있는 걸지도 모릅니다. 분홍 드레스를 입은 여인은 화가를 향해 정면으로 놀아봅니다. 화가는 전체 그림의 일부만 보여주고 있습니다. 작가는 무엇을 그리고자 한 걸까요?

눈으로 볼 수 있는 먼 곳까지

에드워드 헤일리는 풍경화 그리는 것을 좋아했어요. 그는 이 작품을 그릴 때 눈으로 볼 수 있는 최대한 먼 곳까지의 공원 모습을 담았습니다. 그래서 그림 뒤쪽으로 갈수록 작고 희미한 정경이 펼쳐집니다. 마치 우리가 아주 먼 곳을 보고 있는 것처럼 말입니다.

▍비치버러 공원

이 아름다운 공원 비치버러는 영국 브록만 가문의 사유지 안에 있었습니다. 이 그림은 250여 년 전에 그려졌지만 지금도 공원은 그대로 남아 있습니다. 연못 가장자리에 있는 작은 사원도, 들판도 그대로입니다.

▍연못의 반사

에드워드 헤일리가 그린 연못을 자세히 보면 그곳에는 땅 위의 사물이 그대로 투영되어 있습니다. 그런데 물 위에 비친 모습을 보다 보면 재미있는 걸 발견하게 됩니다. 투영된 사물은 거꾸로 보인다는 거죠. 나무를 보세요. 나무는 마치 연못의 바닥으로 자라고 있는 것처럼 보여요. 다른 특이점도 있습니다. 그들은 거꾸로 뒤집혀 있다는 사실입니다.

20

앙리 루소

독립 기념일

A Centennial of Independence

 그림 속에서 찾아보세요.

1 북

1 검은 콧수염

1 파란 단추

1 초록 앞치마

1 아이들 무리

2 구름

1 줄무늬 숄

4 빨간색 신발

앙리 루소 Henri Rousseau (프랑스, 1844-1910)
사실과 환상을 교차시킨 독특한 화풍을 보여주는 화가입니다. 이국적인
정서를 창의적으로 표현하는 게 특징이죠. 풍경화·인물화를 주로 그렸
어요. 화풍 때문에 당시 비평가들에게는 비웃음을 받았지만 말년에 대중
의 인기를 얻었습니다.

▶ LA 게티 미술관 소장 / Bridgeman Images 사진

날씨 예보

어느 시골 마을에서 독립기념일 축하 행사가 열립니다. 날은 화창하고 하늘엔 작은 구름이 예쁘게 떠 있는 아름다운 날입니다. 하늘에 비 올 조짐은 없습니다. 하지만 줄무늬 깃발이 나부끼는 거로 봐서 바람이 불고 있는 것 같습니다. 잎이 풍성한 나무 아래서 춤추는 사람들 주변 공기는 분명히 신선할 것 같네요.

처음엔 비웃음, 마지막엔 사랑

앙리 루소는 100년 전에 프랑스에서 살았습니다. 그는 소년기에 그림 그리는 걸 좋아했지만, 어른이 될 때까지 본격적으로 그림을 그린 적은 없습니다. 그는 미술학교에 가지 않고 독학으로 그림 그리는 법을 익혔어요. 루소는 상상력을 사용하여 마음속에서 본 것을 그렸습니다. 처음에 사람들은 그의 그림을 비웃었어요. 하지만 그는 그렇다고 그림 그리는 걸 포기하진 않았어요. 계속 그렸고, 다른 사람의 화풍을 따라 하지도 않았어요. 오히려 자신만의 스타일로 감동을 주었죠. 결국, 사람들은 그의 작품이 다채롭고 독창적이어서 사랑하게 되었습니다.

▌상상의 동물

루소는 상상력이 풍부했어요. 때로는 가본 적 없는 정글의 야생동물을 그렸습니다. 이 그림에서 그는 100년 전에 일어난 일을 축하하는 사람들의 모습을 담았어요. 그림 속 사람들은 그가 실제로 아는 사람들이 아닙니다. 하지만 그들은 루소와 친구들이 입었던 옷과 또 다른 구식 의상을 입고 있습니다. 그는 밝은 색감을 사용해 모든 사람이 즐거운 한때를 보내는 모습을 담아냈습니다. 회화에서 밝은 색상은 행복한 장면을 연출합니다.

▌춤추는 사람들

이 그림에서 음악가들이 보이나요? 어떤 사람들은 손을 잡고 나무 아래에서 춤을 춥니다. 그들이 추는 춤은 '파랑돌'(프랑스의 프로방스 지방에 옛날부터 전승되어 온 민속춤곡과 무도. 느리지도 빠르지도 않은 보통 속도의 8분의 6박자로 이루어졌으며 피리와 탬버린으로 연주된다)이라고 불립니다. 이 춤은 원을 이루며 춥니다. 루소는 춤추는 사람들의 발에 주목하고 발로 뛰고 차는 동작을 상세히 묘사했습니다. 그들의 치마와 재킷은 음악의 리듬과 함께 움직이고 있습니다.

21

클로드 모네

아침 식사

The Breakfast

 그림 속에서 찾아보세요.

1 비치볼

2 숟가락

2 책

3 모자

4 달걀

1 인형

1 바구니

1 장갑

클로드 모네 Oscar-Claude Monet (프랑스, 1840–1926)

인상주의 화풍의 창시자 중 한 사람. 모네의 인생은 거의 '빛과 색채'와의 싸움이었습니다. 그는 연작을 통해 시간에 따라 변하는 빛이 동일한 장소와 사물을 어떻게 바꾸는지 탐색했어요. 여러 연작 중에 말년에 그린 〈수련〉은 빛과 색채에 따른 오묘한 풍경의 변화를 가장 아름답게 그린 작품으로 평가됩니다.

▶ 독일 슈타델 미술관 소장 / Bridgeman Images 사진

모네를 찾아라

모네는 1868년 28세에 아내 카밀과 아들 장의 모습을 그림에 담았습어요. 장은 무척 어리네요. 이 그림에서 모네는 볼 수 없지만, 그는 자신을 그림 속에 포함했어요. 그것은 전경에 있는 테이블과 그의 접시, 접시 옆 신문, 빈 의자가 그 증거죠. 그가 그림을 그리는 동안 그의 달걀은 식고 말겠네요.

큰 그림

모네가 살던 시대에는 큰 그림은 매우 중요한 주제와 중요한 인물들을 위해서만 그렸어요. 가족은 일반적으로 작은 캔버스에 그렸는데 모네는 달랐죠. 이 그림은 폭이 약 1.5 미터, 높이가 2.2 미터예요. 그림의 주인공도 중요한 인물이 아니라 그의 아이들이었어요. 큰 그림을 그렸으니 이제 그들도 중요한 사람 아닐까요?

▌부드러운 빛, 조용한 분위기

아침 식탁이 시끄러워 보이나요, 조용해 보이나요? 모네는 갈색과 커튼을 통해 들어오는 부드러운 빛을 사용하여 조용한 분위기를 연출했습니다. 시끄러운 아침 식탁을 그리려면 무엇을 포함시키면 될까요?

▌1800년대 사람들의 아침

모네의 특기는 일상을 즐기는 평범한 사람들의 삶을 그리는 것이었습니다. 그의 그림은 당시 사람들이 무엇을 입었고, 무엇을 하고 싶어 했는지, 심지어 100여 년 전에 무엇을 먹었는지도 알려줍니다. 지금으로부터 100년 전 사람들이 집에서 아침으로 무얼 먹었는지 알고 싶다면 그림 속 식탁에 무엇이 올라와 있는지 살펴보세요.

그림 출처

1. Pierre-Auguste Renoir, *Les Parapluies(The Umbrellas)*, circa 1881-1886, oil on canvas, 71×45¼" (180.3×114.9 cm), Dublin City Gallery, The Hugh Lane, Ireland, Bridgeman Images

2. Georges Seurat, *A Sunday Afternoon on the Island of La Grande Jatte*, 1884-1886, oil on canvas, 81¾×121¼" (207.5×308.1 cm), Art Institute of Chicago, Chicago, Illinois, U.S.A., Bridgeman Images

3. Quentin Metsys, *The Moneylender and His Wife*, 1514, oil on wood, 27¾×26⅜" (70.5×67 cm), Louvre Museum, Paris, France, Bridgeman Images

4. Édouard Manet, *Music in the Tuileries Gardens*, 1862, oil on canvas, 30"×46" (76×118 cm), National Gallery, London, UK, Bridgeman Images

5. Fritz von Uhde, *The Nursery*, 1889, oil on canvas, 43½×54½" (110.7×138.5 cm), Kunsthall, Hamburg, Germany, Bridgeman Images

6. The Florentine Master, *Thebaide*(detail), first quarter fifteenth century, tempera on wood, 31½×85" (80×216 cm), Uffizi Gallery, Florence, Italy, Bridgeman Images

7. Claude Monet, *The Luncheon*, ca. 1873, oil on canvas, 63×79" (160×201 cm), Musée d'Orsay, Paris, France, Bridgeman Images

8. William Holman Hunt, *The Children's Holiday* (Portrait of Mrs. Thomas Fairbairn and Her Children), 1864-1865, oil on canvas, 84"×58" (213×147 cm), Torre Abbey, Torquay, Devon, England, Bridgeman Images

9. Hendrick Avercamp, *Winter Landscape with Ice Skaters* (detail), 1608, oil on wood, 30½×52" (77.3×131.9 cm), Rijksmuseum, Amsterdam, Netherlands, Bridgeman Images

10. Georges de La Tour, *The Fortune Teller*, ca. 1630, oil on canvas, 40⅛×48⅝" (102×123 cm), Metropolitan Museum of Art, New York, U.S.A., Bridgeman Images

11. Hieronymus Bosch, *The Temptation of Saint Anthony*, 1490, oil on wood, 29×20⅝" (73×52.5 cm), Prado Museum, Madrid, Spain, Bridgeman Images

12. Charles Ginner, *Piccadilly Circus*, 1912, oil on canvas, 26 × 31⅝" (66 × 81.3 cm),
    Courtesy of Tate Britain, London, England

13. Pieter Brueghel the Younger, *The Peasants' Wedding*, date unknown, 14¼ × 17⅜" (36.2 × 44.2 cm),
    Art Gallery of Ontario, Toronto, Canada, Bridgeman Images

14. Jacques (James) Tissot, *Hide and Seek*, 1877, oil on wood, 21¼ × 28⅞" (53.9 × 73.4 cm),
    National Gallery, Washington, D.C., U.S.A., Bridgeman Images

15. Vittore Carpaccio, *The Arrival of Saint Ursula*, 1498, oil on canvas, 110 × 100" (280 × 255 cm),
    Accademia Gallery, Venice, Italy, Bridgeman Images

16. William Hogarth, *The Graham Children*, 1742, oil on canvas, 63 × 71¼" (160 × 181 cm),
    National Gallery, London, England, Bridgeman Images

17. Pierre-Auguste Renoir, *Dance at Bougival*, 1883, oil on canvas, 71⅝ × 38⅝" (181.9 × 98.1 cm,
    Museum of Fine Arts, Boston, Massachusetts, U.S.A., Bridgeman Images

18. Georg Flegel, *Still Life*, 1630, oil on wood, 8⅝ × 11" (22 × 28 cm),
    Alte Pinakothek, Munich, Germany, Bridgeman Images

19. Edward Haytley, *The Brockman Family at Beachborough*, 1744, oil on canvas, 20¾ × 25⅝" (52.7 × 65 cm),
    National Gallery of Victoria, Melbourne, Australia, Bridgeman Images

20. Henri Rousseau, *A Centennial of Independence*, 1892, oil on canvas, 44 × 62¼" (111.8 × 158.1 cm),
    Getty Museum, Los Angeles, California, U.S.A., Bridgeman Images

21. Claude Monet, *The Breakfast*, 1868, oil on canvas, 60" × 91" (152 × 231 cm),
    Städel Museum, Frankfurt-am-Main, Germany, Bridgeman Images

pages 10-11

우산

11 손

8 모자

2 장갑

1 굴렁쇠

9 우산

2 커프스(셔츠 소매)

1 팔찌

3 턱수염

pages 14-15

그랑자트섬의 일요일 오후

3 개

1 트럼펫

1 담뱃대

1 부채

1 원숭이

1 꽃다발

9 펼쳐진 우산

1 나비

pages 30-31

테바이데

1 여우

4 동굴

3 창문으로 머리를 내밀고 있는 사람

5 책

1 물고기

3 동물 등에 탄 사람

2 바구니

1 작은 성

pages 34-35

점심

1 흰 장미가 달린 모자

1 빨간색 테두리가 있는 모자

2 컵

1 펼쳐진 양산

1 접힌 양산

2 과일 그릇

1 나무 장난감

2 빵

pages 38-39

어린이날

- **1** 파란색 보타이
- **1** 딸기 목걸이
- **1** 손에 든 복숭아
- **1** 반지
- **1** 바구니
- **1** 머리띠
- **2** 숟가락
- **1** 과일이 담긴 모자

pages 42-43

스케이트 타는 사람들과 겨울 풍경

- **3** 말
- **1** 누군가 잃어버린 모자
- **1** 사다리
- **1** 돛이 있는 배
- **1** 노
- **1** 도끼
- **1** 그믐달 그림 표지판
- **1** 깃털 장식을 한 말

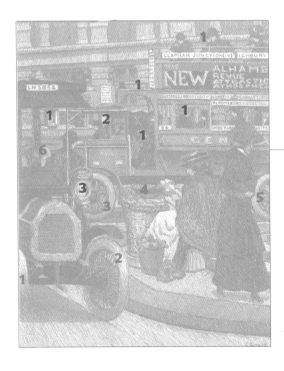

비치버러의 브록만 가족

1 바구니
1 물고기
1 문
1 그림붓
1 턱수염
4 검은 모자
1 책
1 돔 지붕

독립 기념일

1	북	**1**	아이들 무리
1	검은 콧수염	**2**	구름
1	파란 단추	**1**	줄무늬 숄
1	초록 앞치마	**4**	빨간색 신발

아침 식사

1	비치볼	**4**	달걀
2	숟가락	**1**	인형
2	책	**1**	바구니
3	모자	**1**	장갑

지은이 **브룩 디지오반니 에반스** Brooke DiGiovanni Evans

보스톤 미술관 Museum of Fine Arts에서 미술관교육 책임자로 일하고 있습니다. 하버드 대학교에서 교육학 석사과정을 마치고 15년 동안 미술, 역사, 과학 박물관에서 어린이와 성인을 대상으로 교육을 진행해 왔습니다. 앞으로 박물관 콘텐츠를 보다 재미있고 쉽게 전할 수 있는 방법을 찾아 다양한 활동을 이어갈 계획입니다.

편역 **김현석**

예술과 역사에 관심이 많고 박물관과 미술관 가기를 좋아하는 통·번역가. 경희대에서 한국어를 공부하고 영어, 중국어 통역가로 활동하고 있습니다.

디지털 치매 예방을 위한 놀이책

뇌를 깨우고 놀게 하는 두뇌 트레이닝북

★★★★★

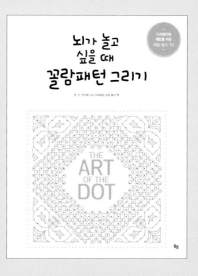

미로찾기

책장을 넘길수록 뇌를 자극하는

미로찾기 80

다른그림찾기

탐색하고 관찰하고 상상하는

다른그림찾기 63

꼴람패턴 그리기

행운을 부르는

꼴람패턴 54

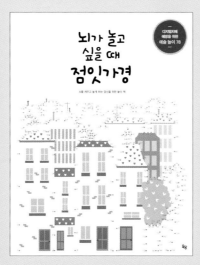

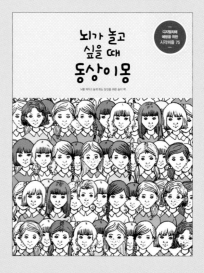

숨은그림찾기

주말의 내 일상에 숨어있는

숨은그림 19

점잇가경

100개에서 1,000개의

점잇기 퍼즐 74

동상이몽

쉬운 듯 어렵고 어려운 듯 쉬운

시각퍼즐 77

ISBN 979-11-964128-5-2

보고 또 보고 상상하는 명화여행
이런 놀이 처음이야!

이야기가 살아 있는 명화 속 세상으로 여행을 떠나요!

책장을 넘길수록 감성을 자극하는 21개의 명화 구경

★★★★★